( Par Jules-Julien-Gabriel Berthevin,
d'après M. Quérard.)

( Par Jules-Julien-Gabriel Berthevin,
d'après M. Quérard.)

# RAPPORT

## ET

 MÉMOIRE

### PRÉSENTÉS AU ROI;

ATTRIBUÉS AU DUC D'OTRANTE.

Les exemplaires voulus par la loi ayant été déposés, je poursuivrai
les contrefacteurs selon la rigueur des lois.

# RAPPORT

## FAIT AU ROI

### SUR LA SITUATION DE LA FRANCE,

LE 15 AOUT 1815;

## MÉMOIRE

PRÉSENTÉ AU ROI DANS LE MÊME MOIS:

ATTRIBUÉS AU DUC D'OTRANTE.

## OBSERVATIONS CRITIQUES

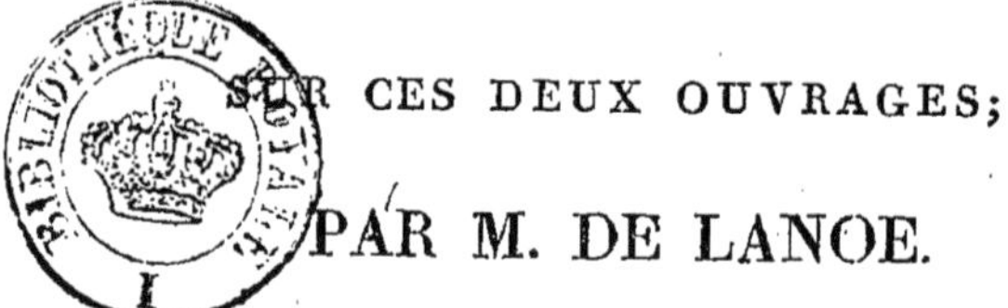

SUR CES DEUX OUVRAGES;

PAR M. DE LANOE.

SECONDE ÉDITION CORRIGÉE.

## PARIS,

CHEZ
PLANCHER, ÉDITEUR, RUE SERPENTE, Nº 14;
EYMERY, LIBRAIRE, RUE MAZARINE, Nº 30;
DELAUNAY, LIBRAIRE, AU PALAIS ROYAL.

1815.

# RAPPORT FAIT AU ROI

## SUR LA SITUATION DE LA FRANCE (1),

### LE 15 AOÛT 1815;

# MÉMOIRE

### PRÉSENTÉ AU ROI DANS LE MÊME MOIS:

### ATTRIBUÉS A M. LE DUC D'OTRANTE.

# OBSERVATIONS CRITIQUES

### SUR CES DEUX OUVRAGES.

---

Les ravages de la France sont à leur comble; on ruine, on dévaste, on détruit, comme s'il n'y avait pour nous ni paix ni composition à espérer. Les habitans prennent la fuite devant les soldats indisciplinés, les forêts se remplissent de malheureux qui vont y chercher un dernier asile. Les moissons vont périr dans les champs; bientôt le désespoir n'entendra plus la voix d'aucune autorité, et cette guerre, entreprise pour assurer le triomphe de la modération et de la justice, égalera la barbarie de ces déplorables et trop célèbres invasions dont l'histoire ne rappelle le souvenir qu'avec horreur.

Les puissances alliées ont trop hautement proclamé leur doctrine, pour qu'on puisse douter de leur magnanimité. Quel avantage peut-on retirer de tant de maux inutiles? N'y aurait-il plus de liens entre les peuples? Veut-on retarder la réconciliation de l'Europe avec la France?

L'une des vues des souverains semblait être d'affermir le gouvernement de V. M., et son autorité est sans cesse compromise par l'état d'impuissance où on la réduit. Son pouvoir est même rendu odieux par les maux dont elle semble être complice (2), parce qu'elle ne peut pas les empêcher. V. M. a signé comme alliée le traité du 25 mars, et on lui fait la guerre la plus directe.

Les souverains, cependant, reconnaissent l'état des lumières en France. Aucun raisonnement, aucune espèce de faute, aucun genre de convenance, n'échappent à la pénétration des Français. Le peuple, quoique humilié par la nécessité, s'y résigne avec courage. Les maux seuls qu'il ne peut supporter sont ceux qu'il ne peut comprendre. V. M. n'a-t-elle pas fait, pour l'intérêt des puissances et pour la paix, tout ce qui ne dépendait que de ses efforts? Bonaparte a été non seulement dépossédé, mais il est dans les mains des alliés; sa famille est également en leur pouvoir, puisqu'elle est sur leur territoire : les chambres ont été dissoutes. Il n'y aura bientôt dans les fonctions publiques que des hommes amis de la paix et dévoués. On avait craint les Bonapartistes, quoiqu'aucun d'eux ne puisse plus être dangereux (3) : V. M. a cependant accordé à ce sujet tout ce qui pouvait être réclamé pour l'exemple.

Si, après avoir vaincu la France, l'on prétendait qu'il reste encore à la punir, ce langage auquel on n'aurait pas dû s'attendre d'après les promesses des souverains, exigerait qu'on voulût bien en peser toutes les conséquences. De quoi voudrait-on nous punir? Est-ce à nous d'expier l'ambition d'un seul homme, et les maux qu'elle a faits? Nous étions les premières victimes. Nous en avions deux fois délivré l'Europe; et ce n'est pas en pays étrangers, c'est en France, surtout, que la terreur a constamment troublé son repos. Malgré sa puissance, jamais il n'est parvenu à rendre la guerre nationale. Des instrumens ne sont pas des complices : et qui ne sait pas que celui qui exerce la tyrannie, trouve toujours dans la multitude une force suffisante pour se faire obéir ! On nous reproche jusqu'à ses succès : ils se compensent par assez de revers. Quelle image nous apportait l'annonce de ses victoires, si ce n'est celle des conscriptions qui venaient de périr et de terminer leur courte carrière, et celle des nouvelles conscriptions que le fer des combats allait de nouveau moissonner ? Nous les expions, comme toute l'Europe, par le même deuil et par les mêmes malheurs.

L'armée est soumise à V. M.; mais elle existe encore. Nous devons nous expliquer à ce sujet avec franchise; ce qui reste d'existence à l'armée ne se rattache plus qu'à la pacification générale et à la tranquillité publique. Son état de réunion, bien loin d'être un mal, empêche le mal de s'étendre. La rentrée des soldats dans le sein du peuple ne sera d'aucun danger, quand la fin de la guerre laissera au peuple les moyens de reprendre ses occupations et ses habitudes; mais avant ce moment, mais, quand la fermentation n'est pas encore éteinte, ni l'obéissance rétablie, ce mélange de soldats avec les citoyens ne ferait que jeter de nouvelles matières inflammables dans un incendie.

Il est bien affligeant de penser que cet état de choses n'a sa source que dans l'erreur de quelques cabinets, et dans le jugement qu'ils portent de la situation de la France. Il dépend d'eux que tous leurs désirs soient remplis; il n'y a point de sacrifices auxquels un peuple éclairé ne soit prêt à se soumettre, s'il voit le but pour lequel on l'exige, et s'il y trouve du moins un moyen de prévenir de plus grands maux; telle est la disposition, tel est le vœu de tous les Français. Veut-on, au contraire, obtenir des mesures préparatoires par des plans inconnus : c'est demander une chose impossible. Il n'y a point d'obéissance aveugle en France ; les puissances n'ont encore fait connaître aucun de leurs desseins ; personne ne sait quelle idée il doit se faire du gouvernement de V. M., ni même de l'avenir.

L'anxiété et la défiance sont à leur comble, et tout paraît un sujet de terreur au milieu de cette obscurité ; mais d'un seul mot toutes les dispositions des esprits seraient changées ; il n'y aurait d'obstacles à aucune mesure, si elles faisaient partie d'un plan général qui offrirait par son ensemble quelques consolations à l'obéissance.

Que les souverains daignent donc s'expliquer! Pourquoi voudraient-ils se refuser à ces actes de justice? qu'ils daignent réunir toutes leurs demandes, comme autant de conditions du repos des peuples, et que notre accession à toutes leurs vues fasse partie d'un traité réciproque : il n'y aura plus alors de difficultés.

Les souverains ne remarquent peut-être pas assez dans quel cercle d'embarras et d'obstacles ils nous placent et se placent eux-mêmes : nous avons besoin du bon ordre pour les seconder, et de leur explication pour rétablir le bon ordre. Veulent-ils des sacrifices qu'exigent des répartitions et une prompte obéissance, il faut pour cela que l'autorité de V. M. soit pleine et entière. Rien n'est possible, rien n'est exécutable, si la paix n'existe pas de fait, du moins provisoirement ; et bien loin d'être en paix, nous éprouvons tous les fléaux de la guerre. Que les souverains prêtent du moins quelqu'attention à leurs intérêts. Quand tout sera ruiné autour de leurs armées, comment celles-ci trouveront-elles leur subsistance? N'y a-t-il aucun danger à disséminer les troupes?

toutes les armes ne sont pas enlevées, et toute
arme ne devient-elle pas meurtrière dans les
mains du désespoir ? Sous le rapport des contributions de guerre, quel nouveau sacrifice
aura-t-on à demander là où le soldat aura tout
détruit ? Sous le rapport de la force des armées, la discipline, une fois altérée, a bien de
la peine à se rétablir. L'Allemagne est bien
loin de s'attendre qu'après une campagne glo-
rieuse on lui ramène ses soldats corrompus par
un esprit de licence, de rapine et de pillage.
Tout aurait dû distinguer cette guerre des
autres, au lieu d'imiter et de surpasser en
France les excès contre lesquels les souverains s'étaient armés. Leur gloire même sera-
t-elle satisfaite ? Nous avons fait tout ce qu'ils
ont desiré ; et de leur côté ce qu'ils avaient
annoncé au monde se trouve accompli, hors un
seul point.

Quel contraste entre ce qui se passe et leur
promesse solennelle ! Ce siècle est celui de la
raison et de la justice (4) , et jamais l'opinion
publique n'a eu plus de puissance. Qui pourra
donc expliquer des maux si excessifs , après
la promesse de tant de modération ! La guerre
actuelle a été entreprise pour servir la cause
de la légitimité , et cette conduite , cette ma-

nière de la faire est-elle propre à rendre plus sacrée l'autorité de V. M. ? On a voulu détrôner et punir celui qui se faisait un jeu des malheurs des peuples, et l'on exerce sur la France soumise la même violence et la même inhumanité ! Toute l'Europe a pensé que l'entrée des souverains dans Paris terminerait la guerre : que pense-t-on en apprenant que c'est alors seulement que les excès de l'oppression ont commencé sans combats et sans résistance.

. Les maux que l'on nous reproche d'avoir fait aux autres n'ont jamais été aussi grands ! Jamais du moins ils n'ont eu lieu quand l'emploi des armes n'avait aucun but ; et fût-il vrai que nous eussions donné l'exemple d'un tel abus de force, devrait-on l'imiter, puisqu'on nous en fait un crime ? On sait dans le Nord, on sait en Prusse, ce que notre défaut de modération a produit d'énergie et d'esprit public dans nos ennemis : il n'y aurait donc plus de termes aux maux de l'humanité (5), si les vengeances alternatives devenaient un droit de la guerre ? car les peuples ne meurent jamais.

V. M. daignera-t-elle me permettre d'insister sur une dernière considération ? Tant que la France aura quelque chose à conserver , et qu'elle sera soutenue par l'espérance de se maintenir en corps de nation , aucun sacrifice ne lui sera impossible , et tous les plans d'une équitable politique pourront encore s'exécuter ; mais , le jour où les habitans auront tout perdu , où leur ruine sera consommée (6), on verra commencer un nouvel ordre de choses, une nouvelle série d'événemens , parce qu'il n'y aura plus ni gouvernement ni obéissance : une aveugle fureur succédera à la résignation ; on ne prendra plus conseil que du désespoir ; des deux côtés on ravagera ; le pillage fera la guerre au pillage ; chaque pas des soldats étrangers sera ensanglanté ; la France alors (7) aura moins de honte à se détruire elle même , qu'à se laisser détruire par des hordes étrangères.

Le moment approche : déjà l'esprit national prend cette affreuse direction ; une fusion se forme entre les partis les plus opposés ; la Vendée elle-même rapproche ses drapeaux de ceux de l'armée ; dans ces excès de calamités , quel autre parti restera-t-il à V. M. , que celui de s'éloigner (8) ? les magistrats quitteront de même leurs fonctions , et les armées des souverains seront alors aux prises avec des individus affranchis de tous les liens sociaux. Un peuple de trente millions d'habitans pourra disparaître de la terre (9) ; mais dans cette guerre d'homme à homme, plus d'un tombeau renfermera , à côté les uns des autres, et les opprimés et les oppresseurs.

# MÉMOIRE

## PRÉSENTÉ AU ROI,

### EN AOUT 1815.

SIRE,

Je viens d'exposer à **V. M.** la situation de son royaume dans ses rapports avec les armées étrangères. Les désordres dont j'ai eu l'honneur de lui rendre compte sont passagers ; la résignation les adoucit, le temps les réparera, la cause en est reconnue ; mais il y en a d'autres plus graves, dont je dois mettre le tableau sous ses yeux.

(1) La France est en guerre avec elle-même. Nous sommes menacés de tous les maux qui peuvent naître du soulèvement des passions et du choc des opinions. Tant de tempêtes politiques nous ont agités depuis vingt-cinq ans ; on s'est jeté avec tant de violence dans des partis contraires ; il en est résulté tant de dissentions publiques et privées, tant de di-

vergence dans les actions, dans les vœux et dans les craintes, qu'il ne suffirait plus de rallier les volontés (2), si l'on ne rallie en même temps les opinions, en mettant la paix dans tous les cœurs, en assurant le repos de tous les intérêts.

Tout est danger ou obstacle dans les élémens dont nous sommes environnés. La plupart des hommes énergiques qui ont combattu et renversé le dernier pouvoir n'ont cherché qu'à mettre un terme à la tyrannie ; tout gouvernement arbitraire les compterait de nouveau parmi ses ennemis. Ce n'est pas seulement par la lutte de deux gouvernemens, c'est par la différence des principes que la guerre s'est rallumée dans la Vendée. On pose les armes, mais la guerre n'est pas éteinte ; une opposition de la même nature agite et désunit toutes les classes de citoyens et jusqu'aux membres de chaque famille : elle a son foyer dans les passions les plus ardentes, dans le désir comme dans la crainte de voir triompher les anciennes opinions.

Les malheurs publics ne font qu'augmenter nos désordres ; les deux partis s'aigrissent par leurs reproches et par leurs menaces de réaction, en se provoquant par leurs espérances.

(3) Tous se soumettront au roi, tous auront du moins le langage de la soumission ; mais les uns demandent, comme une condition de leur fidélité, que les droits du peuple soient maintenus, les autres au contraire veulent rétrograder et que tout soit remis en question, afin que l'état présent décide en leur faveur tout le passé.

Enfin l'on dirait, sous le rapport de l'opinion publique, que la France renferme deux nations aux prises l'une avec l'autre (4). Il ne faudrait qu'un degré de plus de fureur pour dissoudre le lien social, et il suffirait de quelques fausses mesures, de la part du gouvernement, pour produire un embrâsement général.

Il y a, sous le rapport de l'opinion publique et du choc des passions, des nuances distinctes entre les divers départemens , entre les citoyens et l'armée, entre les partis et les factions.

Les esprits sont plus calmes dans le centre de la France, l'obéissance y sera plus prompte ; mais il faut faire une classe à part de la capitale. Celle-ci n'est plus et ne peut plus être ni la règle, ni l'image des provinces, depuis qu'une opinion factice y prend si facilement la place de l'opinion réelle (5) : chaque parti y trouverait des auxiliaires et des complices pour un triomphe momentané, et l'on aurait tout à craindre de ses moindres agitations, tandis que son repos, le plus parfait en apparence, ne peut jamais donner qu'une faible sécurité.

*Le Nord* a montré de la modération, et V. M. en a reçu des preuves d'attachement. Le caractère de ses habitans le rend difficile à agiter. Un régime constitutionnel, sous le gouvernement du Roi, remplirait le vœu des départemens du Nord.

L'Ouest offre un contraste effrayant. Un grand nombre d'individus, dans la Vendée, dans le Limousin et dans le Poitou, sont dévoués au Roi; mais depuis vingt ans, soit erreur, soit passion, ils confondent la cause de l'ancien régime avec la cause royale (6). Un zèle imprudent regarderait peut-être comme un avantage de pouvoir compter sur cette population armée, sur ces paysans crédules, simples, ignorans, qu'une longue guerre civile a rendu soldats, et qui obéissent à leurs chefs avec la plus aveugle soumission. Cette erreur doit fixer l'attention de V. M. L'emploi de ces soldats, l'appui de cette armée perdraient sans retour la royauté, parce qu'on y verrait le projet évident de placer la contre-révolution sur le trône.

Il ne faut pas croire néanmoins que l'opinion soit unanime dans ces départemens; on y a formé des fédérations armées; une partie des villes est opposée aux campagnes; et les acquéreurs de biens nationaux y résisteraient à quiconque voudrait les déposséder. (7)

Le royalisme, au Midi, s'exhale en attentats; les bandes armées pénètrent dans les villes et parcourent les campagnes; les assassinats, les pillages se multiplient; la justice est partout muette, l'administration partout inactive; il n'y a que les passions qui agissent, qui parlent, et qui soient écoutées. Il est urgent d'arrêter ces désordres, car bientôt la résistance, justement provoquée par tant d'excès, serait aussi exaltée que l'agression. Le bas peuple, la majorité des cultivateurs, une partie de la bourgeoisie des petites villes, la population entière des protestans et des religionnaires, les départemens des Pyrénées, ne veulent ni troubles, ni réaction. L'Auvergne, quoique soumise, n'a que des opinions constitutionnelles; à Lyon, deux partis sont en présence.

Du côté de l'Est, l'Alsace, la Lorraine, les Trois-Evêchés, les Ardennes, la Champagne, la Bourgogne, la Franche-Comté, le Dauphiné, offrent un autre genre de danger ; une opposition morale au gouvernement de la dynastie royale y est presque générale. Envahis deux fois par les étrangers, ces départemens ont plus souffert que les autres. Ils avaient plutôt gagné que perdu par le commerce continental ; la quantité de leurs domaines nationaux leur fait craindre davantage les prétentions des anciens possesseurs. C'est aussi dans ces provinces que quelques fautes des précédens ministres du Roi (8), jugées avec précipitation, avaient excité le plus d'alarmes ; c'est-là que la guerre a été la plus nationale.

Je n'ai fait entrer que les opinions dominantes dans ce tableau ; aucune de ces opinions cependant n'est sans mélange ; la noblesse et le clergé, si l'on excepte la Vendée, n'ont de parti nulle part. On est révolté dans toute la France des excès que commettent dans le Midi les bandes qui se disent exclusivement royalistes. Leur existence même est un état de rebellion (9). On a partout en horreur le fanatisme, la guerre civile et toute opinion contre-

révolutionnaire. On trouverait à peine un
dixième des Français qui voulussent se rejeter dans l'ancien régime, et à peine un cinquième qui soient franchement dévoués à
l'autorité légitime. Cela n'empêchera pas que
la grande majorité ne se soumette sincère-
ment à V. M., en sa qualité de chef de l'état.
Cette soumission sera durable; elle prendra
même, avec le temps, le caractère de l'amour
et de la confiance, si la France est constamment gouvernée par les idées libérales, émi-
nemment constitutionnelles, et entièrement
nationales.

Dans la supposition d'une guerre civile,
les royalistes absolus domineraient dans
dix départemens; dans quinze autres, les
partis se balanceraient; dans tout le reste de
la France, on trouverait seulement quelques
poignées de royalistes à opposer à la masse
du peuple; il y aurait des élémens suffisans
pour former une armée royale, mais combien
durerait la résistance et même la fidélité de
l'armée sur laquelle on aurait le plus compté?
Il y a aussi un assez grand nombre d'anciens
nobles, ou assez de partisans de la Cour dans
chaque chef-lieu de département, pour y
former une apparence d'opinion publique;



2

et même une majorité assurée dans les colléges électoraux. Il faut en conclure que le
parti de la noblesse est encore quelque chose,
quand les fonctionnaires publics emploient
tous les ressorts du gouvernement pour le sou-
tenir. Est-il privé de cet appui ? La population l'absorbe. Des erreurs graves, à ce sujet,
pourraient circuler autour du trône, et c'est
pour cela que je m'attache à les faire remarquer. J'aurai d'autres occasions de caracté-
riser l'esprit public, je dois auparavant parler
de l'armée.

L'armée s'est soumise par divers motifs :
dans les uns, cette soumission est un retour
sincère à leurs devoirs envers le Roi ; dans
beaucoup d'autres, un effet de la nécessité ;
dans le plus grand nombre, un sacrifice fait
au repos de la France. Elle est maintenant
blessée et humiliée de se voir disloquer et li-
cencier. Cette armée a été celle des invasions
et des conquêtes, le repos lui sera difficile ;
une ambition démesurée de fortune l'avait
rendue aventurière, et n'ayant eu à sa tête et
pour général que ce chef belliqueux de l'état,
elle ne pourra de long-temps oublier ses anciens drapeaux. Devait-on chercher à la
mettre en harmonie avec les autres armées de

l'Europe, en lui donnant des idées modestes, un point d'honneur moral et monarchique, une sorte de religion pour la légitimité? ou bien était-il indispensable de la dissoudre? Cette dernière question ne devait pas se décider par les lois d'une rigoureuse justice, il a fallu plutôt consulter l'art de gouverner l'avenir, et la raison d'état.

Moins il restera d'anciens officiers et d'anciens soldats dans les nouveaux corps qui vont se former, plus il s'en trouvera au milieu du peuple, dans les rangs des mécontens et dans les séditions. On n'obtiendra pas de long-temps qu'une nouvelle armée soit entièrement étrangère aux intérêts de l'ancienne (10). Les troubles civils deviendront bien plus graves avec des élémens plus orageux, et s'il survient un choc entre les factions, tout se trouvera comme préparé pour la guerre civile. Dans la moins fâcheuse des suppositions, le licenciement de l'armée va servir de recrutement au brigandage, et il est impossible de ne pas trouver un sujet d'effroi dans le seul mal de rejeter dans une population électrique et déjà si agitée 200,000 hommes unis à tant de familles et que l'on aura mis en opposition avec le gouvernement. Aucune autorité ne peut résister à cette immense coalition de malveillance, de haines, de passions, d'intérêts froissés et révoltés.

Un autre danger viendra de l'opposition des opinions politiques, des partis et des factions.

Il y a des traîneurs dans la marche d'un siècle et dans celle de la civilisation. Les lumières mêmes ont des détracteurs, et, quand elles entraînent à des changemens trop précipités et trop étendus, il en naît des résistances et de longues agitations. Le grand combat de la révolution n'est pas encore terminé par vingt-cinq ans de bouleversement; (11) aucune des anciennes factions n'était encore entièrement éteinte, quand l'invasion de Bonaparte est venue ressusciter tous les partis, en a fait éclore de nouveaux, et à mis à découvert toute l'étendue des factions.

Pour ne parler d'abord que de la simple différence des opinions, si cette différence est extrême, et si elle produit une espèce de déchirement dans l'état, l'autorité a beau gouverner dans le sens de l'opinion qu'elle croit dominante, une autre opinion vient l'entraver et se prétend aussi l'opinion publique. On ne régnerait pas long-temps, si l'on n'avait pour soi que cette minorité, puis-

que l'appui même de la minorité laisse encore
subsister la plus forte résistance. De la part
des uns, le sacrifice de ses opinions sera difficile ; de la part des autres, il serait impossible.
Il ne restera donc qu'à bien choisir et qu'à
faire triompher la raison et la justice sur de
vieilles passions et sur d'anciens préjugés. De
pareilles contrariétés se rencontrent sans doute
dans les autres États de l'Europe ; mais elles
ne portent pas sur d'aussi grands intérêts,
elles ne s'y joignent pas à tant d'autres op-
positions.

Après ce danger vient celui des partis. Sans
compter les royalistes que l'année 1815 retrouve tels qu'ils étaient en 1789, deux des
anciens partis subsistent encore, les républicains et les constitutionnels. Si les républicains n'ont pas été détrompés de tous leurs
principes, ils ont du moins reconnu l'impossibilité de les appliquer à un grand État.
Ayant cessé par-là d'être dangereux pour le
pouvoir monarchique, ils ne le sont devenus
pour Bonaparte qu'à cause de sa tyrannie,
et, sauf un bien petit nombre d'exceptions,
vouloir trouver aujourd'hui des bonapartistes
dans les rangs des républicains, ce serait
commettre une grande erreur. Ils n'en sont

pas moins opposés au gouvernement du Roi, ayant de la peine à croire qu'une dynastie qui a tant souffert de la révolution , et qui l'a si long-temps combattue, puisse se résoudre soit à oublier et à pardonner, soit à démentir les anciennes doctrines en donnant des garanties suffisantes à la liberté publique. Ce seul motif les a portés récemment à participer à toutes les mesures qui tendaient à écarter les Bourbons. Qu'une digue impossible à rompre sépare le passé du présent, que la liberté publique soit affermie sur des bases immuables, à ces conditions on n'aurait jamais rien à redouter des républicains : ils deviendraient même les plus fermes auxiliaires du gouvernement.

Les constitutionnels sont en partie dans cette acception, seulement qu'ils sont opposés aux royalistes , et qu'ils défendent contre eux les droits du peuple, tels qu'ils ont été rétablis pendant la révolution. Mais tout n'a pas été illusion ou crime depuis vingt-cinq ans. On a fait cesser de crians abus et d'odieux privilèges, consacrés de sages principes, et opposé de justes barrières à un pouvoir qui n'était contenu que pour lui-même. Ce n'est pas sous ce rapport que nous sommes

en opposition avec l'Europe : ce qu'une révolution n'aurait pas produit, le seul progrès
des lumières l'aurait obtenu, et aujourd'hui
que la France connaît ses droits, comment
la faire rétrograder? Il faudrait pour cela
qu'il fût au pouvoir de l'homme de détruire
ou d'oublier ses propres idées, de se faire
d'autres vérités, et de se créer un autre genre
d'évidence.

Les constitutionnels revèrent aussi le principe de la légitimité! (12) On a fait en France
deux constitutions monarchiques depuis 1789;
toutes les deux ont consacré le principe de
l'hérédité du trône. Mais de ce que la naissance
donne le droit de succéder au trône, faut-il en
conclure qu'elle transmet un pouvoir sans
bornes? perpétue-t-elle la manière de gouverner, parcequ'elle perpétue la dynastie? et n'y
a-t-il pas une distinction à faire entre la dési-
gnation du prince et la nature de son autorité?
La première, sans doute, est réglée par la
naissance; c'est aux lois nationales à régler le
pouvoir.

Voilà les principes des constitutionnels.

Ce parti cependant, on ne doit pas se le
dissimuler, quoiqu'il n'hésite pas à se soumettre, n'a pas cessé depuis une année d'être

en opposition avec le gouvernement du Roi.
En 1814, c'étaient principalement les constitutionnels qui censuraient sans ménagement,
qui attaquaient sans relâche, la plupart des
mesures et des actes de l'autorité; et quand
une pareille lutte s'établit, quand on parvient
à y associer la multitude, une révolution n'est
pas éloignée. Cette opposition fit découvrir
une foule de partis qui ne s'étaient pas encore
montrés. On disait généralement que le règne
des Bourbons ne serait pas de longue durée,
qu'une crise allait survenir, ou par quelque
entreprise de la Cour, ou par un soulèvement
du peuple. Les uns parlaient alors d'appeler
au trône un prince étranger, d'autres se pro-
nonçaient pour le duc d'Orléans, un plus
grand nombre encore pour la régence. Il
semblait qu'une espèce de révolution morale
était déjà faite dans les cœurs et dans les esprits, et cette circonstance, jointe à la tra-
hison, n'explique que trop bien la facilité
avec laquelle Bonaparte s'est remis sur le
trône, et l'impossibilité où la Cour s'est trou-
vée de se défendre. Dans un autre moment
non moins décisif, celui où Bonaparte ve-
nait de donner son abdication, la même opposition au gouvernement du Roi s'est de

nouveau manifestée dans le parti constitutionnel avec encore plus de force que la première
fois. (13) Que ne puis-je épargner ces détails à
V. M.! Mais comment sauver la monarchie,
si le mal n'est pas approfondi, et si l'on ne
connaît pas tous les dangers? Il n'y a point de
prince étranger que, dans ce moment, ce
même parti n'eût préféré d'obtenir ou de rece-
voir de la main des puissances. La prévention
était portée à un tel point qu'il n'y avait qu'une
seule exclusion : elle était pour la famille de
nos anciens Rois.

V. M. ne peut s'empêcher de regarder
comme un acte séditieux la déclaration de la
chambre des représentans, qui tendait à régler le pouvoir royal avant que le trône fût
occupé; la vérité est cependant qu'une multitude de Français partageaient le même aveuglement et la même résistance, parce qu'ils
avaient les mêmes craintes: chacun deman-
dait des conditions ; chacun redoutait les
réactions et les vengeances; on voulait des
garanties, non contre V. M. dont on connaît
la sagesse et la modération, mais contre les
prétentions si bien connues et tant de fois
annoncées de ceux qui, par leur accès auprès
du trône, peuvent avoir un jour l'occasion et

peut-être même le pouvoir de les faire triompher.

Que d'obstacles ne produira pas cette fatale
disposition des esprits ! Je ne suis entré dans
ces détails si pénibles à entendre, que pour
arriver à cette conséquence : les actes du
gouvernement seront attaqués de nouveau, ils
le sont déjà, et ce contrôle, sous le rapport
des principes, passe pour un droit et même
pour un devoir, quand il est exempt de mau-
vaises intentions. Les doctrines politiques sont
aujourd'hui si généralement répandues en
France, que le peuple croit pouvoir en être
juge : une demi-liberté, des concessions partielles, paraîtraient aussi insupportables que
le pouvoir le plus absolu ; elles exciteraient
les mêmes commotions.

Ce que j'ai déjà dit de l'esprit public des
départemens a montré dans quelles provinces
le parti constitutionnel domine plus ou moins ;
ce même parti se fait aussi remarquer davantage dans certaine classe de citoyens. Les familles anciennement riches sont en général
plus dévouées au Roi ; il en est ainsi dans les
tribunaux, parmi les gens de justice, et dans
le haut commerce : c'est au contraire la grande
majorité de la petite bourgeoisie, des mar-

chands et des petits propriétaires, qui est constitutionnelle, parce qu'elle a pris le plus de part à la révolution ; les acquéreurs des biens nationaux et les familles des militaires ajoutent une grande force à ce parti ; mais ce qui lui donne surtout une prépondérance irrésistible (14), c'est la masse des paysans, aujourd'hui très - éclairés et dans l'aisance, ennemis irréconciliables de la noblesse et du clergé, et dont la révolution a évidemment amélioré le sort.

La passion fait des calculs différens sur la force des partis ; et elle arrive en effet à d'autres résultats; ce qui *est* facile quand on compte le peuple pour rien. Je ne mets pas les bonapartistes au nombre des partis, il n'y a, il ne peut même plus y avoir de bonapartistes, si ce n'est dans une petite portion de l'armée. Ce n'est point par attachement pour l'homme de ce parti, c'est encore moins par fidélité, qu'on a vu, dans le mois de mars dernier, une partie de la France s'associer pour un moment à ses destinées, il ne dut le succès qu'à nos discordes, qui le firent regarder par les uns comme un libérateur, par les autres comme un instrument, et cet instrument donnait bien plus de craintesque

d'espérances. Il n'y a point de parti sans chef.
Bonaparte n'a eu trois mois d'une nouvelle
existence que par des évènemens qui ne peuvent plus se renouveler. Tout ce qui pourrait
être resté de bonapartistes se trouve donc rejeté et confondu dans les rangs des constitutionnels et des républicains.

(15) J'en viens aux factions; c'est principalement sous ce rapport que se trouve le danger de notre situation. Il est évident qu'il y a
deux grandes factions dans l'Etat; l'une défend
les principes, l'autre marche à la contre-révolution. La force de ces deux factions est à
mesurer; d'un côté sont les nobles et le clergé,
les anciens possesseurs de biens nationaux,
les émigrés, les anciens royalistes, ce qui reste
des anciens parlemens, des hommes éclairés
qui, de bonne foi, parce qu'ils n'ont rien
appris depuis vingt ans, ne peuvent comprendre comment leur ancienne science serait
en défaut; un certain nombre encore qui ne
peuvent pardonner ce qu'ils ont abhorré, ou
qui, préférant à tout leur repos, n'espèrent
le retrouver que dans l'ancien régime; enfin,
les individus et écrivains passionnés, qu'un
esprit de haine pousse toujours aux mesures
violentes, aux partis extrêmes. De l'autre

côté est la presque totalité de la France, les constitutionnels, les républicains, l'armée actuelle et le peuple, toutes les classes des mécontens, et même une multitude de bons Français, non moins éclairés qu'attachés au Roi; mais qui sont convaincus que toute tentative de contre-révolution, que même une simple tendance à l'ancien régime serait le signal d'une explosion semblable à celle de 1789, et aurait le même résultat. Il ne s'agit plus ici de simples opinions, une des factions est en mouvement, les hostilités commencent, la Vendée est organisée, des troupes se lèvent dans le Midi avec des couleurs qui ne sont pas même royales, et déjà des bandes se sont montrées dans le Languedoc et dans la Provence; on cherche aussi à agir sur l'opinion : dans la capitale même, ceux qui désirent une contre-révolution le disent ouvertement; ce qui est une manière d'y préparer les esprits. Plus loin un royalisme exalté répand ses doctrines et ne dissimule plus ses projets. L'autre faction, qui regarde l'exécution de ces projets comme impossible, n'agit point encore; mais cette inaction se prolongera-t-elle long-temps, et qu'arrivera-t-il si le combat commence?

Dans de si graves circonstances, mon devoir est d'exprimer toute ma pensée à V. M.

tant que la France sera occupée par des troupes étrangères, leur présence pourra contenir jusqu'à un certain point le parti populaire; les autorités royales pourraient aussi, par leur vigilance, retarder ce danger; mais le moment viendrait où toutes les digues seraient renversées. Une guerre civile, quand la cause du Roi en est le prétexte, peut durer un peu plus long-temps; mais à la fin la masse du peuple l'emporte.

(16) V. M. est plus convaincue que personne qu'on ne peut revenir aux anciennes doctrines de la monarchie. Tous les élémens de l'ancien régime ont disparu. Il n'y avait point alors de droits nationaux reconnus, mais le pouvoir était modifié par les usages; il était comme réglé et contenu par les habitudes. S'il n'y avait pas de lois fixes, il y avait des maximes de gouvernement; il y avait un code invariable de modération, de douceur, d'équité et d'urbanité. Aucune passion n'était déchaînée, chacun était façonné à sa situation, on la supportait sans regret. Une seule remarque peut faire juger de la différence de ces temps aux

nôtres. Un impôt de plus, un de moins faisait alors la réputation d'un intendant, la gloire d'un ministre, l'éclat d'un règne. Dira-t-on que la France n'en était pas plus heureuse? Il restera alors à expliquer comment la révolution s'est préparée pendant ce temps de bonheur. A quoi bon ces discussions? l'ancien régime ne peut se rétablir. La plus grande faute que puisse faire le gouvernement, c'est de ne pas distinguer ce qui est possible de ce qui ne l'est pas. Faire la guerre pendant tout un règne, ce n'est pas régner.

Pour ne rien taire à V. M. sur ce même sujet, je lui dirai qu'aucune conspiration particulière ne la menace dans ce moment. Nos dangers ne viennent que de notre situation ; mais on peut concevoir pour l'avenir une conspiration d'un succès infaillible, et dont les desseins ne pourraient être prévenus ni arrêtés. Ce serait celle d'un ministère ou d'un parti de la Cour, qui, par l'erreur la plus grossière, ou par un aveugle dévouement à la cause royale, conseillerait ou favoriserait un plan de contre-révolution. Tout plan de cette nature renverserait de nouveau le trône avec fracas, et détruirait peut-être jusqu'à nos dernières espérances, *la dynastie de nos Rois.*

On a fait souvent une fausse remarque au sujet de l'ancien régime, en disant que les Français qui ont supporté la tyrannie de Bonaparte supporteraient bien plus facilement toute l'autorité royale (17). On se trompe en cela de plusieurs manières, parce que la position de Bonaparte n'a jamais été bien connue de l'étranger; sa tyrannie n'a pas été notre ouvrage, mais celui de l'Europe. Ce sont les Souverains qui l'ont consolidé par leurs alliances et même par leur amitié; et quand nous lui résistions, les autres peuples se rangeaient sous ses aigles, ou s'humiliaient devant lui. Toujours plus effrayé de l'intérieur que du dehors, il savait bien que s'il avait des armées contre les rois. il n'avait aucun pouvoir contre l'opinion publique; c'était par l'obéissance des étrangers qu'il essayait de nous courber sous le joug; il a marché à plus d'une victoire pour avoir un moyen de plus de réagir sur la France; vainqueur au-dehors, il était inquiet au-dedans; tout rassemblement du peuple, toute assemblée publique le faisait trembler; enfin, il n'a cessé de trouver, au milieu de sa cour et dans ses conseils, des hommes de courage qui, sans désobéir au monarque, bravaient du moins le despote. En supposant même qu'on eût souffert plus patiemment sa tyrannie, pourrait-on s'attendre aujourd'hui à la même soumission ? Il avait fait prendre le change sur la liberté, en la remplaçant par la gloire ; on n'avait rien à craindre sous son règne, ni du clergé, ni de la noblesse, ni des émigrés ; et s'il est parvenu à compromettre et à nous ravir plusieurs de nos droits, c'est pour cela même que tous les ressorts de l'opinion sont tendus pour les défendre. V. M. a pu en juger par tout ce qui s'est passé depuis quinze mois ; des millions d'hommes ont péri pour retarder la chute de l'ancien régime, il faudrait causer encore plus de maux pour le rétablir.

Notre état d'envahissement est une nouvelle source de divers dangers ; les uns concernent en partie les souverains, les autres ébranlent dès ce moment le pouvoir du Roi.

Les ravages se multiplient et les subsistances s'épuisent. Sous ce rapport, la tranquillité publique n'a qu'une durée bien incertaine, le mot *impossible* s'applique à tout. Il y a dans les maux des bornes qu'on ne peut dépasser. Les contributions étant taries ou suspendues, on ne pourra faire face aux dépenses ; ce sera une nouvelle cause de désordres. En viendra-t-on à des contributions de guerre? comment et de qui les exiger? la plupart des contribuables ont déjà perdu leurs meubles et leurs bestiaux; plusieurs ont perdu leurs habitations : c'est à main armée qu'il faudra achever de les dépouiller. La perception de chaque parcelle de l'impôt ne se fera que par un combat. Le mal s'aggravera encore par le séjour prolongé des armées étrangères, et cependant les souverains ne songeront pas à les retirer avant d'avoir des garanties de notre repos, parce que leur tranquillité est liée à la nôtre. Nous devons désormais être ensemble en paix ou en guerre, dans les malheurs ou dans les prospérités.

Mille obstacles nouveaux naîtront de l'état où on laissera la France. Tout aura été anéanti, la fortune publique et les fortunes privées. Tout nous aura été enlevé, nous sortirons de cette guerre comme on sort d'un naufrage. A quel prix aura-t-on obtenu de jouir du gouvernement du Roi ! Ce moment sera-t-il celui de l'obéissance et de l'amour, ou celui des plaintes, des reproches et des accusations ? Les cœurs seront aigris, les passions, déjà exaltées, seront encore plus inflammables. La guerre, l'oppression, les exemples d'inhumanité, ont toujours eu pour résultat de rendre les mœurs plus violentes, et de produire un nouveau degré d'immoralité et de perversité dans le cœur de l'homme. Celui qui tue maintenant un ennemi et qui s'enrichit par ce meurtre, tuera peut-être un jour son concitoyen par la même cupidité. On n'a pas calculé non plus les suites qu'aura ce rassemblement de tant de peuples inconnus l'un à l'autre et mêlés ensemble. Il n'y a plus ni famille, ni patrie, ni lois dans ce monde nouveau ; la civilisation est suspendue ; l'inondation de ces peuples déposera partout un serment destructeur, un funeste élément, dont on ne tardera pas à reconnaître les effets pernicieux (18). Dans cette malheureuse situation dont il n'y a jamais eu d'exemple, quel bien pourra tenter V. M. ? Elle s'affligera avec ses peuples, et sa tendresse n'oubliera rien pour les consoler. Cependant il faudra s'attendre à une opposition bien plus

3.

vive que dans les temps ordinaires, et l'autorité sera plus faible, parce qu'elle aura besoin d'être consolatrice. Si l'on parlait alors
de réaction, tout un peuple s'écrierait : N'est-
ce pas assez des malheurs publics? Si l'on me-
naçait de restreindre la liberté, le peuple la
défendrait avec une nouvelle énergie, comme
le seul bien que l'ennemi lui aurait laissé.

C'est un peuple mécontent, c'est un peuple
agité que V. M. aura à gouverner.

Il est vrai, Sire, que les qualités person-
nelles de V. M. feront disparaître ou aplani-
ront une grande partie des obstacles. Elle est
aimée, respectée ; la confiance qu'elle inspire
est notre principal moyen de salut. Mais les
destinées de la France ne sont pas dans ses
seules mains. De fatales préventions se sont
établies. On a fait craindre à un peuple défiant
les régnes qui suivront celui de V. M. On se
demande si l'on sera toujours gouverné avec
la même modération, si l'on opposera toujours
une barrière inviolable aux prétentions nobi-
liaires et au retour de l'ancien régime ; si les
principes religieux s'uniront toujours à la

même tolérance; si la fermeté sera toujours tempérée par l'indulgence et par la bonté. Un instinct naturel porte tous les peuples à prévenir les maux et les biens qui les attendent, et dans leur bonheur comme dans leurs inquiétudes, ils comparent le règne présent avec les règnes qui le suivront. J'en fais la remarque, parce que cette circonstance a une influence inévitable sur la disposition des esprits, et que, si dans certaines occasions elle rend le gouvernement plus facile, dans d'autres elle lui crée des obstacles, elle empêche même de l'affermir.

Jetons un dernier coup d'œil sur la France, telle qu'elle sera après le départ des étrangers. Sera-t-elle en paix au-dedans? le combat des opinions aura-t-il cessé? les haines seront-elles éteintes? Il s'agit d'une nation sensible et fière, mais inquiète, vaine et jalouse. L'égalité et la liberté ont jeté de profondes racines dans les cœurs; l'ancienne noblesse et le clergé, en perdant leurs biens, ont perdu toute aptitude à redevenir des corps politiques dans l'État. Toute dispute sur les principes excitera des troubles, parce qu'il s'agira d'une dispute pour ou contre l'opinion publique. Dans les temps ordinaires on fait peu d'attention aux mécontens, il est facile de contenir les séditieux ; mais dans notre situation, tous les genres d'opposition, toutes les plaintes, seront des querelles de peuple à gouvernement. Le mal sera encore envenimé par la misère générale, nos finances seront détruites, il faudra réduire les dépenses et ôter leurs subsistances à des milliers de familles. Avant de trouver des fonctionnaires propres à la disposition des esprits, il faudra placer et déplacer, et pour chaque nomination les partis seront encore en présence. C'est toujours par le renouvellement de ces auxiliaires que l'autorité laisse découvrir ses desseins les plus cachés. Viendront après cela les dangers inséparables d'une représentation nationale, et ceux de la liberté de la presse, sans laquelle cependant il n'y aurait pas de liberté publique ; le pire de tous les maux sera l'immoralité, funeste fléau qui détruit les nations, qui vicie les esprits comme les cœurs, et qui dénature l'esprit public (19) : enfin, on aura à combattre, d'un côté l'opposition d'un parti nombreux et redoutable, qui ne laissera aucun repos à l'autorité aussi long-temps qu'il aura des craintes pour la liberté publique et pour lui-même, et d'un autre côté les prétentions d'un autre parti qu'aucune concession ne pourrait satisfaire, qui l'attache à la royauté, mais pour en partager la puissance, et qui sappe et ébranle le trône, par cela seul qu'il le prend pour son point d'appui.

Je n'aurais pas la pensée de mettre cet affligeant tableau sous les yeux de V. M., si je n'avais pas eu à lui proposer en même temps quelques mesures et un plan de gouvernement qui pourrait contribuer à rendre notre situation supportable.

On ne peut gouverner sans force physique ou sans force morale. La première ne peut se passer de la seconde ; l'une et l'autre nous manquent (20).

La manière dont on formera l'armée décidera implicitement d'autres questions. On exciterait un bouleversement général, en laissant entrevoir par cette formation que le Roi ait le dessein de se faire une armée contre la liberté publique. Je l'ai déjà dit , il semble qu'il y ait deux peuples en France. Il faut donc se décider à les concilier, à se les attacher tous deux ; sans quoi il s'allumerait une guerre que l'on ne pourrait plus éteindre : et quoi qu'il arrive , il faut du moins, pour régner, que V. M. soit avec sa nation.

On ne s'est pas encore servi , avec l'ancienne armée, du moyen tout puissant de la confiance , il n'est pas question de conserver cette armée ; il faut même changer jusqu'à ses dénominations, pour mieux rompre ses habitudes. Mais ne serait-il pas évidemment juste, en dissolvant les corps , de ménager autant qu'il sera possible les intérêts des individus. Le licenciement pourrait être fait avec la prudence et les règles d'un esprit de famille. Il y aura peu de danger à faire rentrer dans la société les soldats et les officiers qui le demanderont eux-mêmes ; l'alternative de rester dans l'armée ou d'en sortir pourrait être proposée ; on invitera ceux qui , en sortant, n'auraient besoin d'aucuns secours annuels, à en faire la déclaration ; de même qu'on inviterait les autres à demander seulement ce qu'il leur faudrait pour compléter leurs moyens d'existence. Tous ceux qui auraient trop de regrets à quitter la seule profession qu'ils connaissent, seraient conservés, si l'on pouvait s'assurer de leur fidélité.

Si le gouvernement adopte en toutes choses (21) de sages principes, on n'aura besoin que d'une petite armée ; elle ne saurait être trop réduite, car il sera alors bien plus facile de lui donner un bon esprit. V. M. a prévu beaucoup de difficultés en diminuant sa maison militaire. L'opinion publique voit avec peine que l'on emploie les Suisses. La solde qu'on accorde à un étranger est un moyen de subsistance que l'on enlève à un sujet de l'État. En général et pour long-temps il sera indispensable de rejeter toutes les mesures contre lesquelles il y aura une opposition dans l'opinion publique. On ne peut laisser subsister les bandes du Midi ; il faut aussi que la Vendée redevienne ce qu'elle était il y a quinze mois, et n'y plus voir, n'y voir à jamais que des individus et des concitoyens. Les corps vendéens ont des principes inconciliables avec le repos de la France, une doctrine invétérée du pouvoir absolu, de spoliation des biens nationaux et de rétablissement de l'ancien régime. On ne peut donc laisser la force publique dans leurs mains; il y aurait une faction armée dans l'État. Cela n'empêchera pas d'accorder des faveurs et des places à ceux des Vendéens qui les auront méritées. Le gouvernement pourrait appeler quelques-uns des chefs, et les employer avec succès à remettre les contrées de l'Ouest dans l'ordre accoutumé.

L'organisation de la force morale exige que V. M. prenne une résolution ferme et immuable (22). Il faut partir du principe que l'opinion publique est entrée comme un élément dans l'art de gouverner, et qu'elle en a changé toutes les combinaisons. La France ne peut plus être gouvernée que par le régime constitutionnel; la question n'est pas d'étendre le pouvoir, la grande question est de le conserver et de pouvoir régner.

Après cette première résolution, il faudra en venir à une seconde. Il y a deux régimes constitutionnels, bien différens l'un de l'autre. Dans l'un, le Roi accorde le moins qu'il peut ; alors tout devient obstacle, parce que tout devient de part d'autre un objet de dispute. Il a fallu plusieurs siècles à l'Angleterre pour obtenir, l'une après l'autre, ses lois politiques. Cette lutte a plusieurs fois bouleversé l'État. Quand on rétrécit l'espace qu'on laisse à la liberté du peuple, le premier soin de celui-ci est de fortifier aussitôt ce terrain ; il l'entoure de nouveaux ouvrages à chaque danger nouveau, et il finit par en faire une forte citadelle. Il aurait mieux valu dans le principe le lui accorder. Dans le second état du régime constitutionnel, il y a un ministère homogène et responsable. Le monarque qui est dépositaire de toute la puissance et de toute la majesté nationale, est comme placé, au moyen du ministère, dans une enceinte impénétrable, à l'abri de toutes les agitations politiques. La loi est également proposée par les chambres et par le gouvernement. Les trois branches de la législature, défendent avec le même soin les droits du peuple et les prérogatives royales.

La loi constitutionnelle se forme de la même manière que les lois ordinaires, et la base de cet édifice est une constitution dans laquelle on a fait entrer scrupuleusement toutes les garanties de la liberté. Sous ces divers rapports, je ne puis dissimuler que la nouvelle chambre qui va se former, peut donner des inquiétudes ; il ne resterait aucun moyen de salut, si elle n'était pas constitutionnelle, et si les opinions *ultrà-royalistes* y dominaient.

Sous le rapport de l'union et de la pacification intérieure, V. M. aurait de grandes mesures à prendre. Toute union serait impossible avec des plans de réaction. Il y a eu des ordonnances d'exil. V. M. devait cet acte de répression à sa propre dignité, et chacun sent que d'autres circonstances ont pu encore nécessiter cette punition. Il est certain cependant que le parti constitutionnel a craint de voir dans ces premiers actes de l'autorité la couleur de tout un règne, comme il a dû voir les principes dans les ordonnances sur les colléges électoraux.

Les diverses idées que j'ai l'honneur de soumettre à V. M. sont peu différentes de celles qu'il aurait été plus facile d'adopter en

1814, et le monde entier peut juger du changement qu'un tel système aurait apporté dans notre situation et dans celle de toute l'Europe. Que de maux auraient été prévenus !

(23) La même carrière est à parcourir, et les mêmes écueils sont devant nous; le ciel semble avoir voulu réserver à V. M. la plus grande de toutes les gloires, celle de mettre un terme à toutes nos révolutions. En 1814, les hommes qui nous agitent aujourd'hui, voulaient aussi frapper le passé en ne songeant ni au présent ni à l'avenir. Osons le dire : le passé n'a jamais été d'aucune considération pour les grands princes ni pour les hommes d'état, que pour y puiser des leçons. Le présent et l'avenir sont les deux seules boussoles des gouvernemens. Ce n'est pas de ce qu'on a fait, mais de ce qu'on fait ; ce n'est pas de ce qu'on a dit , mais de ce que l'on dit, qu'il faut s'occuper principalement ; les réactions ne sont plus dans nos mœurs, et dès qu'une goutte de sang vient à couler dans une révolution politique , il n'y a plus aucune certitude qu'il n'en sera pas versé des torrens.

Si d'après les mesures que je propose il y

avait encore quelques résistances partielles, on
les contiendrait par la vigilance et par la fermeté : cette dernière qualité fut toujours celle
des grands rois : une autre qualité lui est cependant supérieure, c'est la prudence. Les
souverains, quelque grand que soit leur pouvoir, sont soumis à la commune loi de la
nécessité. Il y a des temps où il faut calmer,
au lieu d'aigrir, où il faut, avant tout, concilier, rassurer et faire espérer. Deux doctrines sont opposées; commençons par décider
laquelle des deux sera suivie, et si nous vou-
lons remonter contre le torrent ou bien le
descendre : s'il s'agit de le remonter, il n'y a
rien à attendre de la fermeté, le despotisme
même serait impuissant, la fermeté n'est que
dans la modération. L'immortelle Catherine
trouvait que le mot *justice* était trop fort pour
l'homme, et qu'il ne pouvait supporter que
l'*équité*.

Une fois que l'ordre sera rétabli, chacun
sentira que l'indulgence sur le passé ne peut
s'étendre au présent. La même fermeté, sous
son double rapport de la force et de la modération, s'appliquera à tous les actes du gou-

vernement, à toutes les parties de l'ordre public ; on ne souffrira aucune déviation, aucune négligence; tous les partis seront contens, tous les écarts seront redressés ; on punira avec sévérité tous les indiscrets qui se placeront en état d'hostilité envers le gouvernement.

Ces premiers succès ne suffiront point encore. (24) En nous rapprochant de plus en plus de l'Angleterre, sous le rapport de l'étendue de nos libertés civiles et publiques, nous aurons l'avantage de nous rapprocher aussi de ces distinctions sociales, dont les unes se rattachent à la forme du gouvernement, et les autres à l'état extérieur d'une nation. Il n'y a à sauver de la révolution française que les droits et les principes que le temps a consacrés. Il faut nous mettre en harmonie avec toute l'Europe, pour avoir le moyen de prendre part à tous les avantages de la civilisation générale. (25) Une habile direction de l'éducation publique atteindra bientôt ce but important. Les mœurs reprendront leur doux empire. Par les mêmes moyens, l'amour de la prospérité, le besoin de nous unir viendra de nos malheurs mêmes et de la nécessité de les réparer. C'est à cette union, c'est au bien qu'elle produira, que nous devrons un nouvel esprit public.

# OBSERVATIONS CRITIQUES



## SUR LE

## RAPPORT FAIT AU ROI.

(1) L'AMOUR de la patrie enfante dans les calamités
publiques des écrits où l'on cherche à sonder les plaies
de l'État; mais pour que ces écrits soient utiles, il faut
que leur auteur joigne aux sentimens d'un patriotisme
véritable une probité morale, un désintéressement
absolu, une connaissance parfaite des hommes et des
choses; il faut qu'en même temps que son ouvrage
présente le tableau fidèle des malheurs communs il
offre celui des mesures à prendre; il faut qu'alors qu'il
jette d'utiles alarmes dans l'esprit de ses concitoyens
il laisse entrevoir quelques espérances, qu'aux maux
il oppose des remèdes, aux dangers des moyens de
salut, aux besoins des ressources assurées. Maintenant est-ce dans cet esprit qu'est dicté, qu'est offert
le rapport de M. le duc d'Otrante? Personne n'est ar-
rivé au ministère aussi riche de *souvenirs* et *d'espérances*, n'y est parvenu avec une aussi grande réputation d'habileté; les circonstances étaient difficiles,
mais on lui savait une expérience consommée, une
prudence rare, une habitude précieuse des affaires,

4

qui devaient lui aplanir les difficultés, lui faire sur-
monter les obstacles; mais il était placé auprès d'un
monarque qui voulait tout ce qui *pouvait sauver la
France*, de ce prince qui aujourd'hui, aux yeux des
Français et de l'univers, paraît comme *une triste et
honorable victime de la félicité publique.* La publication de cet écrit était-elle utile à la majorité des
Français? et s'il a été présenté dans le dessein d'éclai-
rer le roi sur les rapports de la France avec les armées
étrangères, quel bien en pouvaient tirer les nombreux
lecteurs de toutes les classes dont le duc d'Otrante
est assuré. La ruse nouvelle d'une publication clan-
destine et involontaire, les moyens d'une circulation
sourde employés à dessein, l'inquiète agitation que
devait par sa nature produire la connaissance de cet
écrit, ajoutaient aux douleurs actuelles la crainte de
les voir se prolonger, s'éterniser. Quel prétexte peut-
on alléguer pour justifier une publication aussi impo-
litique que dangereuse, aussi impudente que peu nécessaire? Je le demande à M. le duc d'Otrante, si un
homme privé avait par une aussi effrayante peinture
de notre situation politique, appelé sur elle l'attention
publique, s'il n'avait montré qu'un abîme sans fond,
offert pour toute ressource que le désespoir, s'il eût
éveillé toutes les passions, agité tous les intérêts, cet
auteur imprudent eût paru coupable ou d'une grande
perfidie, ou d'une impardonnable imprévoyance; et
c'est un homme d'État, un politique profond, un
ministre du roi, un des publicistes les plus éclairés de
l'Europe qui oublie la maxime si sage de Montesquieu:
*Qu'il ne faut rien publier quand les inconvéniens*

*égalent les avantages ; encore moins le faut-il quand les avantages sont petits et les inconvéniens immenses.*

(2) Ils sont bien aveugles ou bien coupables ceux qui, se méprenant à dessein ou par ignorance sur la cause de nos malheurs, voudraient la rejeter sur notre bon roi, associer dans l'esprit des peuples l'idée des maux et du prince à qui ils les voudraient voir attribuer.!..... Lui en être l'auteur! lorsqu'au mois de mars il fit tout pour les prévenir; lorsque par ses touchantes et paternelles exhortations il engageait les Français à entourer son trône de force et d'amour; lorsqu'il engagea l'armée à combattre l'usurpateur; lorsqu'il a , autant qu'il était en son pouvoir, retenu l'Europe prête à fondre sur nous, enchaîné les bras qui devaient renverser l'ennemi du repos des nations. Sa voix n'a pas été écoutée, et il lui faut aujourd'hui pleurer sur le sort de ses peuples, sur leurs déchirantes infortunes qu'il a prévues, et qu'il ne lui a pas été possible d'empêcher.

(3) M. le duc d'Otrante est-il de bonne foi ? est-il d'accord avec lui-même lorsqu'il émet cette double assertion: 1° qu'il n'y a plus de bonapartistes; 2° que le roi a accordé tout ce qui peut être réclamé pour l'exemple. Mais avant d'entamer cette discussion, commençons par définir le terme de *buonapartiste*. M. le duc entend-il par bonapartistes ces fanatiques insensés qui, aimant le despote pour lui-même, se seraient offerts à la mort comme victimes volontaires au moindre signe de sa volonté? Entend-il désigner ces fidèles Seïdes qui , trouvant la France et le siècle

4.

indignes du grand empereur, lui ont tous été dévoués, les uns par reconnaissance, les autres par enthousiasme, ceux-ci par aveuglement, ceux-là par opiniâtreté ? alors M. le duc d'Otrante a raison ; mais s'il veut, avec tout le monde, prendre le mot *bonapartiste* dans son acception la plus générale, il servira à désigner ces artisans de discorde à qui le repos est odieux, qui ne peuvent vivre que d'une vie agitée et turbulente, qui sont ses partisans par le regret d'être condamnés à une oisiveté *stérile*. La santé de ces hommes est une fièvre ardente ; la paix, le calme n'a pour eux aucune douceur, aucun agrément ; ils ne se plaisent qu'au milieu des sanglantes catastrophes de la guerre ; ils sont aujourd'hui amis de la liberté, et cependant avec quelle docilité les a-t-on vus naguère porter le joug du despotisme, traîner les chaînes de la tyrannie, se façonner aux caprices du plus fantasque comme du plus absolu dictateur. Le joug du roi leur pèse, parce que son pouvoir est légitime ; ils méconnaissent sa voix parce qu'il prie au lieu de tonner ; son autorité leur déplaît parce qu'elle est celle d'un père...... Oh ! pour ces hommes il en est encore quelques-uns de ces buonapartistes, et ils sont extrêmement dangereux. Quant à la deuxième assertion de l'ex-ministre de la police...... il s'agit de punir..... et je m'abstiendrai d'être l'écho de la rumeur publique..... Juge, je prononcerais l'arrêt en balbutiant et d'une voix tremblante...... ; homme privé, je pleure sur le sort des coupables ; je plains celui dont le ministère sacré, dont le devoir pénible est d'être l'organe de la vengeance publique.

(4) *Ce siècle est celui de la raison et de la justice ; jamais l'opinion publique n'a eu plus de puissance.* C'est en cet endroit que se trouve une des falsifications dont s'est plaint M. le duc d'Otrante. Si la copie eût été fidèle, on aurait sans doute lu : « Ce » siècle est celui *des raisonneurs* ; qui, à la place du » bon sens, qui est la véritable raison, mettent le » sophisme et la mauvaise foi, dénaturent l'opinion » publique au point que chacun la retrouve dans la » sienne propre. »

(5) *Il n'y aurait plus de terme aux désordres de l'humanité, si les vengeances alternatives devenaient le seul droit de la guerre, car les peuples ne meurent jamais.* Ne serait-ce pas là une de ces tristes vérités qui faisaient dire au philosophe Fontenelle : « Si je tenais toutes les vérités dans ma main, je me garderais bien de l'ouvrir ». Et c'est un philosophe, un homme d'Etat qui ose la présenter comme but à une nation aigrie par le sentiment actuel de ses douleurs ! O ma patrie ! quand tu revivras pour l'histoire, montre-toi grande, magnanime. Lorsque dans les jours de ta gloire nouvelle tu auras vaincu, allie à ta puissance le besoin d'être généreuse ! sache, par la noblesse de tes procédés, surpasser tes ennemis plus encore que par la force de tes armes ; que la grandeur de tes bienfaits, que la sincérité de ton alliance honore tes conquêtes !

(6) *Mais le jour où ses habitans auront tout perdu, où leur ruine sera consommée.....* Pourquoi se plaire à retracer ces scènes de désespoir, aujourd'hui que la

paix nous sourit : laissons, laissons l'espérance rentrer dans nos cœurs.

(7) *La France aurait moins de honte à se détruire qu'à se laisser détruire par des hordes étrangères.* M. le duc d'Otrante, ordinairement plaisant, n'était pas dans son jour de gaieté le 15 août. Il n'y a pas dans tout cela le plus petit mot pour rire.

(8) *Quel parti restera-t-il à votre majesté ? celui de s'éloigner.*

> Ah ! trop de prévoyance entraine trop de soin !
> Je ne sais pas prévoir les malheurs de si loin.

Mais si, dans une occurence extrême, j'étais appelé au conseil de mon roi, j'oserais lui dire : Acceptez le dévouement de vos peuples ; laissez les Français fidèles vous faire un rempart de leurs corps, s'ensevelir sous les ruines du trône. Ce conseil est plus dans le cœur d'un roi de France que celui que vous offrez.

(9) *Un peuple de trente millions d'habitans pourra disparaître de la terre.* Et votre plume a pu tracer ces lignes horribles ! se prêter à l'hypothèse la plus sanguinaire qui ait encore été faite ! Non, non, j'en appelle à vous-même, *les nations ne meurent pas.* J'en appelle au génie de la France, qui veille sur ses destinées, et qui vient de ramener dans son sein une paix si long-temps désirée. Nos descendans pourront donc voir des jours sereins, et ils pourront, avec un peu moins d'adresse et de politique, et plus de vertus et de bonhomie, goûter, savourer les tranquilles jouissances du bonheur.

*P. S.* Le copiste a encore fait une erreur grave,

**M.** le duc d'Otrante, comme il le dit dans son second mémoire, n'aurait pas présenté l'inutile tableau des maux que nous avons à craindre, s'il n'avait pu offrir en même temps le remède. Il savait d'ailleurs que cette peinture exagérée de notre situation politique ne devait avoir que le résultat d'offrir ses services, comme d'une nécessité absolue ; mais

*Uno avulso non deficit alter.*

Au reste, voici la phrase omise, telle qu'elle est dans le deuxième mémoire : *Les désordres dont j'ai eu l'honneur d'entretenir V. M. sont passagers : la résignation les adoucit, le temps les réparera ; la cause en est connue.*

# OBSERVATIONS CRITIQUES

## SUR LE

## MÉMOIRE PRÉSENTÉ AU ROI.

---

(1) *La France est en guerre avec elle-même; nous sommes menacés de tous les maux qui peuvent naître du soulèvement du choc des opinions.* Dans ce rapport, comme dans celui qu'il a présenté à Bonaparte ou à la chambre des représentans, le 17 juin, M. le duc d'Otrante use d'une merveilleuse adresse : ce moyen lui a si bien réussi qu'il le tente de nouveau. En prêtant ainsi à l'opinion publique une force, une puissance plus grande qu'elle n'en a réellement, il rehausse le facile mérite de triompher de ces obstacles. Ainsi un poëte ne représente pas son héros doué d'une force surnaturelle, mais c'est avec les moyens seuls de la nature qu'il le fait sortir d'une lutte accablante pour un simple mortel.

(2) *Il ne suffirait pas de rallier les volontés si on ne rallie pas les passions.* Cette phrase, presque identique avec une autre prise dans le rapport fait à Bonaparte, qui n'est que la première retournée, prouve que le rapport du 17 juin et celui qui nous occupe sont du même auteur. Si d'ailleurs on en pouvait douter, il suffirait

de comparer la manière entortillée des deux auteurs, *l'obscurité visible répandue* à dessein sur ces deux productions, pour s'en convaincre.

(3) Ces deux partis se soumettront : la parole royale est la garantie de ceux qui craignent ; elle sera le gage de la soumission de ceux qui peuvent regretter les formes antiques du gouvernement de 1789. Les premiers peuvent se rassurer, *le roi a parlé, les autres obéiront, le roi le leur ordonne.* Eh ! pourquoi éveiller les soupçons des premiers, condamner les regrets des seconds ?

(4) Je vois les hommes de tous les partis, et je les vois tous appeler de tous leurs vœux une paix indispensable, un repos que de violentes secousses rendent nécessaires. Oui, il ne faut que quelques jours de bonheur, quelques lueurs d'espérance pour offrir le touchant spectacle d'un peuple ne formant qu'une seule famille.

(5) Qui n'applaudirait aux traits aussi vifs qu'ingénieusement présentés où M. le duc d'Otrante fait le portrait de l'esprit public dans la capitale, les moyens d'y semer, d'y propager une opinion qui puisse balancer souvent l'opinion publique ? Il a vu, il a fait, il a peint.

(6) Le retour de l'ancien régime, sans les modifications que le temps peut avoir rendu nécessaires, serait une chimère qu'un octogénaire, sourd et aveugle depuis trente ans, ne peut plus même rêver. *La charte,* voilà notre seul moyen de salut.

(7) Avec un ministre ami du roi et de son pays, avec un administrateur aussi probe qu'habile, qui veut

le bien et le veut fortement, *la justice ne sera pas muette et l'administration inactive.* Les acquéreurs de biens nationaux peuvent se *rassurer*, les agitateurs *trembler*, d'après les mesures récentes prises par le ministre de l'intérieur : la vigilance préviendra le mal, et la force arrêtera ceux que la prévoyance n'aura pas pu empêcher.

(8) Ici M. le duc d'Otrante fait avec loyauté ( car il a quelquefois ses momens d'abandon et de franchise ) l'aveu que les ministres du roi ont été jugés avec une légèreté , une précipitation qui, si elles étaient admises contre les ministres, n'en trouveraient pas un seul innocent. Leurs *erreurs* ont été exagérées, leurs *fautes* aggravées : sans adopter la *commode* et *absurde* doctrine de M. Carnot, qui veut que la responsabilité d'un ministre ne résulte que de l'ensemble de sa conduite morale , je blâme *la légèreté* qui prononce sans examen sur la conduite des hommes en place ; la mauvaise foi qui les condamne , et l'envie qui se plaît à dénaturer leurs actions les plus innocentes.

(9) Je n'entreprendrai pas l'éloge du clergé et de la noblesse : leur défense est en eux ; elle est dans les actions qui ont placé un si grand nombre de leurs membres dans les fastes de notre histoire. Moins encore les accuserai-je d'être les auteurs des désordres dont avec raison se plaint M. le duc d'Otrante ; les nobles s'en indignent, et les ecclésiastiques les blâment avec plus de force et d'amertume que ne le faisait le ministre de la police. J'attaquerai ici le *calcul où il prétend qu'à peine un cinquième des Français est fran-*

*chement dévoué à l'autorité;* et, l'opposant à lui-même, je rappelerai à M. le duc d'Otrante que la Normandie, la Bretagne, le Poitou, l'Anjou, la grande masse de l'intérieur, le Languedoc, la Guienne, la Provence, toutes les contrées du Nord sont, d'après son aveu, fidèles à l'autorité : ces provinces forment les trois quarts de la France; comment se fait-il maintenant qu'elles ne contiennent qu'un cinquième de la population ?

(10) Les faits ont répondu à cette grave accusation portée contre les soldats licenciés; ils ont obéi, et cette soumission est le premier comme le plus beau titre à leur gloire.

(11) L'apparition de l'usurpateur a fait tomber bien des masques...... Mais s'il y a eu des traîtres...... des hommes légers..... des girouettes, on en a vu plus d'un immobile.

(12) Pourquoi cette éternelle subdivision de citoyens en sectes; pourquoi ces démarcations à l'infini, ces classemens maladroits ? Je ne vois que deux grandes classes de citoyens, les amis de l'ordre, et ceux qui voudraient le troubler. Parmi ces derniers, cherchons à ramener tous ceux que des froissemens inévitables dans les crises politiques ont blessés, et comprimons les autres par la force. Nous sommes tous Français, n'ayons qu'un seul but, un même esprit, comme nous n'avons qu'une patrie.

(13) Rassure-toi, infortuné monarque; tu es aimé de la masse de ton peuple; rassure-toi, ils sont mensongers ces détails affligeans pour ton cœur; ils sont faux, exagérés, ces rapports où l'on te présente le

peuple comme ennemi de ton pouvoir, de ton autorité..... Tu as pu voir l'amour des Français dans l'élan ,
véritablement sublime , qui les a portés au-devant de
tes pas..... Jamais , dût ma carrière se prolonger au-
delà du terme ordinaire ; jamais je n'oublierai ces
cris de joie et d'amour que répétait une foule immense, une majorité si grande. Tous ces Français
étaient affamés de te revoir, ivres de bonheur après
t'avoir vu.

(14) *Les paysans éclairés.* Ah ! monsieur le duc ,
c'est trop fort....., dites des paysans raisonneurs, je
l'avouerai.....; des paysans égarés, passe encore..... ;
des paysans mécontens à tort ou à raison....., je le
veux, mais des paysans éclairés..... L'ont-ils été sur
leurs intérêts les plus chers, lorsqu'ils ont préféré
un pouvoir despotique à un gouvernement pa-
ternel; lorsque de faux bruits les ont exaspérés ;
lorsque, sur des ouï-dire, ils se sont alarmés, mu-
tinés ? Qu'une administration sage les ramène à des
idées plus saines; qu'elle démente les mensonges par
lesquels on voudrait les tromper de nouveau ; qu'elle
leur montre les efforts du Roi pour adoucir leur
sort, pour les rendre heureux, et alors , plus *éclairés* , ces bons paysans pourront être *sages* et
*contens.*

(15) En vous appesantissant jusqu'à satiété sur l'esprit des factions, je ne peux opposer que la même
réponse. Vous revenez à la division des *citoyens en
deux grandes classes , dont l'une défend les principes ,
l'autre la contre-révolution.* Si l'on s'entendait sur la

définition des mots, l'on s'entendrait sur les choses,
et tout le monde serait d'accord, a dit le grand *Arnaud*.
Ainsi entendons-nous, et convenons d'appeler principes, l'amour de l'ordre, toutes les maximes d'une
sage liberté, tous les axiomes de la morale et de la
politique qui ne sont pas contestés, et *contre-révo-*
*lution* une chimère impossible à réaliser : alors tous
adopteront les principes, et le petit nombre d'hommes égarés qui rêvent la contre-révolution renonce-
ra à cette absurde idée.

. (16) *Votre majesté est plus convaincue que per-*
*sonne, que l'on ne peut revenir aux anciennes doctri-*
*nes.* Hé bien, c'est cette vérité qu'il faut répéter à tous,
c'est la garantie que le gouvernement sera fidèle à la
charte, qu'il faut sans cesse offrir à tous les argumens,
à tous les raisonnemens. Aux amis de la liberté, mon-
trez-leur que la charte en assure la jouissance, qu'ils
seront libres dans leurs personnes, dans leurs pro-
priétés, dans leurs pensées, et que cette liberté n'aura
de limite que celles dont l'ordre social prescrit d'im-
poser. Dites aux acquéreurs de biens nationaux, que
le retour des dîmes, des droits féodaux, est une exa-
gération semée à dessein, pour troubler leur tranquillité, pour égarer leurs pensées et leurs vœux.

(17) La cause de la tyrannie de Bonaparte, que
M. le duc d'Otrante assigne, est-elle bien la véritable?
Au sortir des malheurs de l'anarchie, cet homme s'est
montré à tous, comme voulant faire le bien de tous, et
c'est par suite de causes bien combinées, de moyens
adroits qu'il a enchaîné tous les Français, qu'il les a

soumis au joug de fer sous lequel ils gémissaient. Des projets hardis, gigantesques, l'éclat de ses victoires ont ébloui; il a eu alors pour partisans une jeunesse impatiente et amie des combats; il a offert des honneurs, des richesses, créé une multitude de places; les philosophes se sont tus, des intrigans ont brigué et obtenu : tel a donc été le système auquel il a toujours été fidèle; éblouir et corrompre. Ceux que ces deux moyens n'ont point attachés à sa fortune ont été comprimés par la crainte.

(18) *Dans cette malheureuse situation, dont il n'y a jamais eu d'exemple, quel bien pourra tenter V. M. ?* Le roi a le cœur de la majorité des Français, sa sagesse, l'énergie d'un ministère fidèle, les efforts du Corps législatif, la Charte, la volonté de tous; avec ces élémens la France verra bientôt cicatriser ses plaies, elle entreverra le terme de ses sacrifices, de ses privations, qu'elle supportera avec une courageuse résignation.

(19) Si ce parti si redoutable s'agite, un gouvernement juste réprimera ses mouvemens.

(20) Quelques jours encore, et l'autorité trouvera dans une organisation sage, toute la force physique nécessaire à son action; quant à la force morale, le souvenir de nos moyens, une triste expérience nous a donné une force inappréciable. Le caractère véritablement français s'est agrandi dans ces jours de deuil, il a obtenu l'admiration de l'univers, il s'est retrempé de nouveau et a acquis une énergie qui ne se perdra plus.

(21) Lorsque l'armée sera réorganisée, commandée

par des chefs dévoués, elle trouvera dans le roi la solli-
citude la plus tendre, en  même temps qu'elle sera le
plus ferme appui du trône. Un fait  répond victorieu-
sement aux déclamations du mémoire dirigées contre
l'armée de la Vendée et les bandes du Midi : le Roi l'a
voulu, et l'armée de  la Vendée a  été dissoute ; l'administration a veillé au maintien de l'ordre public, et
les bandes se sont dissipées.

(22) Ces redites éternelles sur l'accord des volontés ;
l'opinion publique donne à ce mémoire le tort d'une
déclamation.

(23) La même carrière est à parcourir, les mêmes
écueils sont devant nous. Ici M. le duc d'Otrante est
d'accord, avec les amis du Roi, dans l'avis qu'il lui
donne ; mais il  diffère dans les moyens d'éviter ces
écueils et d'arriver au  port..... Les dernières opéra-
tions du monarque prouvent qu'il est loin de déférer
au parti conseillé par l'ex-ministre.

(24) Vouloir imiter l'Angleterre, dans toutes les
institutions civiles et politiques, c'est oublier que ce
qui est un bien à Londres est un mal à Paris ; que la
législation, les institutions doivent toutes être appro-
priées aux  peuples  pour qui elles sont faites ; se concilier avec les mœurs, avec les usages. Ce ne sont pas
les meilleures lois que j'ai données aux Athéniens, disait Solon, mais celles qui leur conviennent le mieux.
Français, demandons et obtenons des lois éminem-
ment françaises, et nous aurons obtenu la meilleure législation.

(25) Nous insisterons avec M. le duc d'Otrante, sur

le besoin de donner une nouvelle direction à l'Instruction publique si vicieuse, de surveiller les mœurs, de faire renaître la prospérité publique. Puisque nous sommes si bien d'accord sur le but, pourquoi différons-nous autant dans les moyens !

FIN.

DE L'IMPRIMERIE DE MADAME VEUVE JEUNEHOMME,
rue Hautefeuille, n°. 20.